Teotihuacanos, toltecas y tarascos

Los indígenas
de Mesoamérica I

D1605446

Teotihuacanos, toltecas y tarascos
Los indígenas de Mesoamérica I
Miguel Pastrana

Segunda edición: Producciones Sin Sentido Común, 2018
Primera edición: Producciones Sin Sentido Común y Consejo Nacional
para la Cultura y las Artes, 2013

D. R. © 2018, Producciones Sin Sentido Común, S. A. de C. V.
    Pleamares 54, colonia Las Águilas,
    01710, Álvaro Obregón,
    Ciudad de México

Texto © Miguel Pastrana
Ilustraciones © Enrique Torralba

ISBN: 978-607-8469-58-1

Impreso en México

Teotihuacanos, toltecas y tarascos

Los indígenas de Mesoamérica I

Miguel Pastrana

Ilustraciones de Enrique Torralba

NOS
TRA
EDICIONES

ÍNDICe

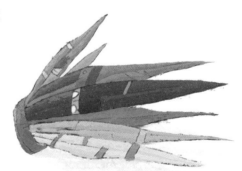

Introducción

La historia de México es muy extensa. Inicia con la llegada de los primeros habitantes al territorio que hoy ocupa el país y llega hasta nuestro presente. Este largo tiempo abarca cerca de 32 milenios y se divide en tres periodos históricos para su estudio. Al primer periodo lo conocemos como México antiguo o prehispánico, al segundo como México colonial y al último como México independiente.

A pesar de esta división, el periodo de México antiguo o prehispánico sigue siendo muy amplio, pues abarca desde la llegada del hombre a las tierras mexicanas hasta el siglo XVI, es decir, más de 31 milenios. Por ello, este primer periodo ha sido subdividido en dos etapas.

La primera se conoce como Etapa lítica, así llamada por el predominio en el uso de instrumentos de piedra, útiles para una forma de vida basada en la recolección de plantas, en la caza de aves y animales y en la práctica de la pesca. En la Etapa lítica existieron pequeños grupos de recolectores y cazadores nómadas, que no vivían en un solo sitio sino que iban de un lado a otro buscando comida y agua. También había otros grupos de pescadores y recolectores de moluscos establecidos en las costas. Al final de esta etapa surgió muy lentamente la agricultura, y poco a poco aparecieron las primeras aldeas de agricultores sedentarios.

La segunda etapa del México antiguo o prehispánico inicia desde el surgimiento de Mesoamérica como área cultural, hacia el 2500 a. C., hasta el momento de la Conquista española. Esta etapa se distingue, entre otras cosas, por la presencia de pueblos de agricultores sedentarios, el nacimiento de ciudades con una complicada jerarquía social y política, la invención de varios sistemas de escritura y el desarrollo de complejos calendarios.

Por otra parte, la geografía de este largo periodo no coincide con las fronteras geográficas actuales de México. Esto ocurre porque las fronteras no son inalterables, cambian conforme a las vicisitudes políticas, económicas, culturales y aun biológicas de los pueblos. Así, durante el México antiguo el país no era tal y como hoy se conoce: no existían las fronteras políticas y administrativas modernas, sino las culturales.

Mesoamérica fue una región en la que vivieron ciertos pueblos que compartieron, a grandes rasgos y en el transcurso de varios siglos, una historia cultural común. Así como la historia es muy larga y necesita de divisiones, este amplio territorio también requiere dividirse culturalmente en áreas geográficas: el Altiplano central, Oaxaca, la costa del Golfo, el Sureste y el Occidente.

El Altiplano central comprende la cuenca de México y los cuatro valles circunvecinos: al este el valle de Puebla-Tlaxcala, al sur el valle de Cuernavaca, al oeste el valle de Toluca y al norte la cuenca del río Tula. El área de Oaxaca se conforma por el actual estado del mismo nombre y algunas zonas de Puebla, Chiapas y Guerrero. La costa del Golfo abarca el sur de Tamaulipas, el estado de Veracruz y parte de Tabasco. El Sureste está comprendido por la península de Yucatán, parte de Tabasco, Chiapas, Belice, Guatemala, Honduras, parte de Nicaragua, El Salvador y Costa Rica. El Occidente incluye Guerrero, Jalisco, Colima, Nayarit, Michoacán y el sur de Sinaloa.

La historia de Mesoamérica duró un poco más de cuatro milenios, desde 2500 a. C. (inicio de la segunda etapa del México antiguo) hasta 1521 d. C. (inicio de la Conquista); por eso está dividida en tres grandes periodos: el Preclásico de 2500 a. C. a 100 d. C., el Clásico de 100 a 900 y el Posclásico de 900 a 1521.

Durante el Preclásico, Mesoamérica se conformó plenamente como un área de cultura. Se establecieron los elementos básicos de su arquitectura, como las pirámides y plazas cuadrangulares, así como la orientación de los edificios. En este tiempo destacaron los olmecas con sitios como La Venta, Tres Zapotes y San Lorenzo.

En el Clásico tuvo lugar el mayor desarrollo urbano de Mesoamérica. Es la época en la que surgieron grandes ciudades, como Teotihuacan y Cholula en el Altiplano central, Monte Albán en Oaxaca, El Tajín en la costa del Golfo, así como Palenque y Tikal en el Sureste.

En el Posclásico, el tercer y último periodo de la historia de Mesoamérica, tuvo lugar un importante reacomodo de pueblos así como el surgimiento de nuevos centros de poder. En el Altiplano central florecieron ciudades nahuas como Tula y Tenochtitlan; en Oaxaca prosperaron los zapotecos y los mixtecos; en la costa del Golfo los huaxtecos y totonacos desarrollaron ciudades como Cempoala; en el Sureste los mayas renacieron con sitios como Chichén Itzá y Tulum, mientras que en el Occidente los tarascos tuvieron su capital en Tzintzuntzan.

Teotihuacan: la ciudad sagrada del centro de México

Teotihuacan fue la primera ciudad de Mesoamérica y la más grande durante el periodo Clásico (del año 100 al 900). En ella tuvo lugar la radical transformación que llevó a los antiguos agricultores mexicanos del Preclásico (de 2500 a.C. a 100 d.C.) a la complejidad de la convivencia en las grandes urbes del Clásico, llenas de especialistas en diversas actividades.

En Teotihuacan se manifiesta, respecto a las civilizaciones anteriores, una serie de cambios tanto en la rigurosa planificación de la ciudad como en la construcción de imponentes edificios religiosos. El arte también alcanzó un notable desarrollo y esta civilización representó un modelo a seguir para los pueblos posteriores.

Los orígenes de esta gran ciudad fueron
humildes y discretos. Todo comenzó a partir
de la unión de algunas aldeas de agricultores
que de tiempo atrás aprovechaban los recursos
naturales del valle de Teotihuacan, ubicado
al norte de la cuenca de México y rodeado de
cerros que originalmente fueron volcanes.
Debido a esto, el valle contaba con recursos
minerales tan importantes como el tezontle,
una piedra dura, porosa y ligera que aún hoy
se utiliza para la construcción.

Había también pigmentos minerales para elaborar colores que se usaban sobre
las telas finas y para decorar los edificios con murales, además de la ceniza de
origen volcánico, que es un buen fertilizante y es adecuada para dar bellos acabados
a la cerámica; por otra parte, de los antiguos conos volcánicos se podía extraer
obsidiana, un vidrio natural del que se obtenían productos de gran utilidad y valor,
como navajas, agujas y puntas de flecha. Desde sus comienzos hasta el final de sus
días, Teotihuacan exportó estos productos a muchos otros lugares de Mesoamérica.

A diferencia de lo que pasa hoy, en la época teotihuacana el lago de Tetzcoco era muy grande y estaba muy cerca de Teotihuacan, incluso llegaba hasta las inmediaciones de lo que hoy es Acolman. Además de esta importante fuente de agua dulce, indispensable tanto para el consumo humano como para la agricultura, el valle de Teotihuacan también contaba con tres ríos importantes: Huixulco, San Lorenzo y San Juan, que desembocaban en el lago de Tetzcoco. Resulta muy sorprendente que el curso de este último río fuera desviado para que pasara en medio de la ciudad de Teotihuacan. También había manantiales de agua dulce dentro del valle, ubicados entre los actuales pueblos de San Juan Teotihuacán y Puxtla.

En aquella época, los cerros cercanos estaban cubiertos de bosques de pinos, encinos, oyameles e incluso sabinos o ahuehuetes, y las planicies, hoy semidesérticas, estaban cubiertas de extensos pastizales y eran óptimas para la agricultura. Este entorno era el hogar de muchas especies de animales actualmente extinguidas, como venados, armadillos, coyotes, conejos, guajolotes silvestres, lechuzas, gavilanes e incluso lobos y pumas. Sin duda, los habitantes de los pueblos que en un principio conformaron la ciudad supieron aprovechar los recursos que la naturaleza ponía a su disposición para mejorar su forma de vida y comerciar con otros pueblos más allá de su valle; con ello dieron el primer paso para la creación de una notable historia.

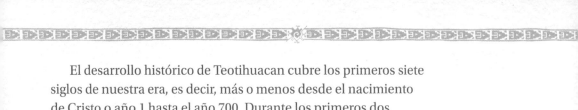

El desarrollo histórico de Teotihuacan cubre los primeros siete siglos de nuestra era, es decir, más o menos desde el nacimiento de Cristo o año 1 hasta el año 700. Durante los primeros dos siglos se crearon los estilos y construcciones arquitectónicos más importantes de la ciudad, como la calle o calzada de los Muertos que corre de norte a sur. También tuvo lugar la construcción de la enorme pirámide del Sol, así como de una primera etapa de la pirámide de la Luna.

UNA CALZADA SIN CALLE

La calzada de los Muertos en realidad no es una *calle*, sino una larga sucesión de plazas a desnivel unidas por escaleras.

El tablero-talud y la arquitectura Teotihuacana

La arquitectura mesoamericana, incluida la teotihuacana, se destaca por el uso del tablero-talud, en la construcción de las pirámides escalonadas.

En este periodo se crearon también los elementos culturales que distinguen a Teotihuacan. En arquitectura, los teotihuacanos desarrollaron el sistema de talud y tablero, además del predominio de las líneas horizontales en los edificios, así como su enorme tamaño. En cerámica se crearon las vasijas cilíndricas con tapa y tres patas y los braseros teotihuacanos que están adornados como si fueran pequeños teatros. También es notable el elegante estilo del arte teotihuacano.

Entre el año 200 y el 650 Teotihuacan vivió
el momento de mayor auge. Es el periodo
de las enormes construcciones, de la más alta
concentración de habitantes, y de la máxima
extensión de la ciudad: un poco más de
22 kilómetros cuadrados. Se agrandaron
muchos de los edificios de épocas anteriores
y se construyeron nuevos conjuntos,
como la ciudadela.

La influencia del arte y las costumbres teotihuacanas se dejaron sentir a lo
largo y ancho de Mesoamérica. Desde las planicies de Jalisco hasta las montañas
de Guatemala, y de la costa del golfo de México en Veracruz a las playas del Pacífico
en Guerrero. El desarrollo teotihuacano fue tal, que incluso llegó a sitios tan lejanos
de la ciudad como la costa del Golfo, en donde es posible ver en lugares como
Matacapan y El Tajín una fuerte influencia de Teotihuacan. En Oaxaca es notable
la relación establecida con Monte Albán; en el occidente con Tingambato; y en el
sureste con los sitios mayas, ahora en Guatemala, de Kaminaljuyú y Tikal.

Al final de esta etapa que va del año 200 al 650, el centro de Teotihuacan, que es lo que hoy se visita, fue destruido e incendiado; a pesar de ello la ciudad no fue totalmente abandonada, pero perdió mucha de su importancia, población y fuerza; por ejemplo, se rompieron los contactos con el resto del mundo mesoamericano.

Del año 650 al 750 ocurrió el declive generalizado de Teotihuacan. Durante este tiempo la ciudad ya sólo fue importante en el Altiplano central. Se perdió el control de las rutas de intercambio de materias primas y mercancías, la población disminuyó notablemente, la ciudad se hizo más pequeña y ya no se construyeron nuevas edificaciones.

Hacia el año 750 llegaron grupos humanos de una tradición cultural distinta a la teotihuacana. Esto se sabe porque utilizaron una cerámica diferente a la de la antigua ciudad, además construyeron pequeños edificios con una técnica distinta y los recién llegados poseían otros dioses. A partir de este momento la parte central de la ciudad fue definitivamente abandonada y Teotihuacan dejó de ser importante.

Conocer las características de una antigua sociedad que no dejó testimonios escritos es algo muy complicado. Sin embargo, sabemos que Teotihuacan fue un desarrollo urbano, es decir, una auténtica ciudad. Esto se puede observar en la planificación de las construcciones que se encuentran a lo largo de la calzada de los Muertos y en la abundancia y concentración de edificios para vivir, muchos de ellos ocupados por gente dedicada a la elaboración de manufacturas especializadas (pintura, alfarería fina y obsidiana, entre otros).

También se debe destacar la presencia de obras públicas para dotar a Teotihuacan de servicios urbanos, como el abasto de agua y la presencia de una red de drenaje que pasaba entre las calles secundarias para desembocar en un colector central que corría por la calzada de los Muertos.

Como toda gran ciudad, ya sea antigua o moderna, Teotihuacan albergaba una gran cantidad de habitantes. Una parte de esa población se dedicaba a la producción de alimentos, principalmente a través de la agricultura, pero también de la caza, pesca y recolección. Sin embargo, la mayor parte de los habitantes se ocupaba de actividades económicas especializadas propias de las grandes ciudades, como las manufacturas, artesanías, arte y construcción de obras públicas como las pirámides y el sistema de abasto de agua. Un sector menor de la población tenía a su cargo lo que hoy llamamos los servicios y el trabajo intelectual, como la administración de la ciudad, el gobierno y la religión.

Esta diferencia en las actividades y especialidades económicas pone en evidencia la existencia en Teotihuacan de diversos grupos sociales, como los humildes campesinos que vivían en las orillas de la ciudad y que desde ahí se desplazaban a los campos de cultivo. También es posible que se requiriera una enorme cantidad de trabajadores para la construcción de las pirámides, la calzada de los Muertos, los recintos sacerdotales y las viviendas de la población. Asimismo todas estas edificaciones necesitaban de grandes esfuerzos para darles continuo mantenimiento.

La labor de los artesanos y artistas consistía en transformar el barro, las piedras y las plumas en magníficas obras de arte, como vasijas, máscaras funerarias y tocados. Es lógico que una ciudad enorme como lo fue Teotihuacan, que tenía muchas relaciones con otras ciudades, contara con la presencia de ricos mercaderes, quienes se encargarían de llevar a lejanas regiones los bellos y útiles artículos hechos por los artesanos teotihuacanos, y traerían a la ciudad materias primas exóticas para esos mismos artesanos y para las ofrendas a los dioses de la ciudad.

Gracias a las pinturas murales sabemos que había numerosos sacerdotes, quienes estaban al frente de la sociedad porque seguramente tenían los conocimientos más especializados. También se han podido descubrir en la pintura mural las figuras de algunos guerreros, que debieron proteger a los mercaderes en sus viajes de comercio y a los sacerdotes con el fin de preservar el orden público.

LOS DUEÑOS DE LA OBSIDIANA

Los teotihuacanos controlaban muchas zonas de producción de materias primas, sobre todo de obsidiana, pero también de cal y tezontle. Es posible que Teotihuacan tuviera un control exclusivo sobre la producción y distribución de obsidiana, un producto fundamental para la vida de Mesoamérica.

Como toda gran ciudad habitada principalmente por artesanos, artistas, gobernantes y sacerdotes, Teotihuacan no producía todos los alimentos que consumía, sino que en buena parte era abastecida por una importante zona rural agrícola que rodeaba la ciudad y comprendía la cuenca de México y el valle de Puebla-Tlaxcala.

Si bien se desconoce con detalle cómo estaba gobernada la ciudad, es posible suponer que existiera un estrecho vínculo entre el grupo dominante y la religión, sobre todo si consideramos que los principales edificios de Teotihuacan son grandes pirámides y templos, es decir, obras monumentales con funciones religiosas. Además, en la pintura mural teotihuacana encontramos representados principalmente a los dioses otorgando dones a los hombres, y a los sacerdotes practicando rituales y propiciando la acción benéfica de las deidades.

Al contrario de las ciudades mayas de esa época y de la capital zapoteca de Monte Albán en Oaxaca, en Teotihuacan no existen representaciones de sus gobernantes, conquistas militares ni de cautivos. Por eso los historiadores piensan que el dominio teotihuacano no se basaba en la fuerza militar. Claro que había guerreros y por supuesto que había violencia, pero de todas formas el grupo dominante mantenía y ejercía el poder por medios pacíficos.

Esto puede comprobarse con las representaciones de señores teotihuacanos que existen en el ámbito maya y en Monte Albán. Estos personajes se reconocen por sus ropajes y aparecen representados como emisarios, embajadores e incluso parientes de los gobernantes locales, casi nunca llevan armas o no las usan, ni tampoco hay escenas violentas. Además, parece que los teotihuacanos establecieron relaciones pacíficas con sus vecinos, basadas en la política y el comercio.

EL ARTE DE LOS DONES

En el arte teotihuacano no se destaca al individuo ni, por tanto, a ningún gobernante. Es probable que esto se debiera al fuerte vínculo que albergaban los dirigentes con los dioses y la economía del grupo. En cambio, resultaba más importante resaltar los dones divinos que los gobernantes aseguraban tener.

Por otra parte, muchos objetos teotihuacanos o imitaciones de los mismos gozaban de prestigio entre otros grupos y eran usados en contextos rituales y de poder. Por ejemplo, se han encontrado vasijas teotihuacanas e imitaciones de ellas en tumbas de gobernantes mayas de la misma época.

Teotihuacan en la época colonial

"Estos indios de esta Nueva España
tenían dos templos de grandísima
altura y grandeza, edificados a seis
leguas de esta ciudad [de México],
junto a San Juan Teotihuacán, que
le cae a esta dicha ciudad a la parte
del norte y dedicados al Sol y a la Luna,
los cuales estaban apartados de
poblado y lo están ahora, aunque
no en mucha distancia, y alderredor
de ellos hay otros asientos de otros
que pasan de más de dos mil; por lo
cual se llama aquel lugar Teotihuacan,
que quiere decir, 'lugar de dioses'."

Fray Juan de Torquemada,
Monarquía indiana.

La ciudad de Teotihuacan se distingue
por su cuidadosa y bien pensada planeación
urbanística, esto es, la excelente distribución
de los edificios públicos y privados. Todas las
edificaciones fueron construidas siguiendo
como columna vertebral el eje norte-sur,
es decir, la llamada calzada de los Muertos.
Otro eje corría de este a oeste y se cruzaba
con el primero ligeramente al norte
de la ciudadela. Así Teotihuacan quedó
organizada en cuatro grandes cuadrantes.

La arquitectura teotihuacana es notable porque todos los edificios en la antigua urbe fueron diseñados siguiendo la forma de cuadrados y rectángulos. Los edificios son monumentales y, a la distancia, las grandes pirámides parecen cerros que se integran perfectamente con los montes naturales que están en las orillas del valle; de hecho, los grupos de habla náhuatl que años después conocieron Teotihuacan llamaron a la pirámide del Sol *tlachiualtépetl*, que quiere decir "cerro hecho a mano".

Los imponentes edificios teotihuacanos estaban recubiertos de una especie de cemento hecho con base de cal, conocido como estuco, generalmente decorado con pinturas. Así sabemos que la pirámide del Sol estaba pintada de rojo, mientras que muchos de los conjuntos habitacionales donde residían los teotihuacanos tenían los muros cubiertos de espléndidos murales.

La pintura teotihuacana tenía un marcado carácter religioso, por eso plasmaban con ella figuras de dioses, sacerdotes y animales sagrados. Predominaban los temas relacionados con el agua y la fertilidad, por lo que se solía representar a Tláloc, dios de la lluvia, y sus sacerdotes, y era frecuente que se dibujaran manos de dioses y hombres mostrando los dones divinos de la abundancia vegetal y animal, así como las riquezas de las piedras finas y las conchas marinas. Esto se puede admirar en el mural conocido como *Tlalocan*, que significa "el paraíso del dios Tláloc".

El *Tlalocan*

Las ánimas de los difuntos se iban directo al paraíso terrenal, al *Tlalocan*, donde incluso los enfermos tenían un lugar en el que jamás faltaba comida y flores.

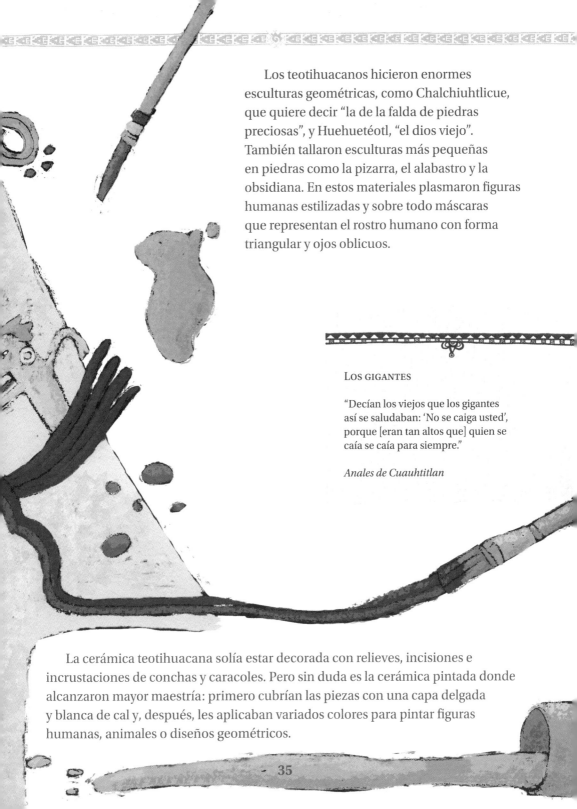

Los teotihuacanos hicieron enormes esculturas geométricas, como Chalchiuhtlicue, que quiere decir "la de la falda de piedras preciosas", y Huehuetéotl, "el dios viejo". También tallaron esculturas más pequeñas en piedras como la pizarra, el alabastro y la obsidiana. En estos materiales plasmaron figuras humanas estilizadas y sobre todo máscaras que representan el rostro humano con forma triangular y ojos oblicuos.

LOS GIGANTES

"Decían los viejos que los gigantes así se saludaban: 'No se caiga usted', porque [eran tan altos que] quien se caía se caía para siempre."

Anales de Cuauhtitlan

La cerámica teotihuacana solía estar decorada con relieves, incisiones e incrustaciones de conchas y caracoles. Pero sin duda es la cerámica pintada donde alcanzaron mayor maestría: primero cubrían las piezas con una capa delgada y blanca de cal y, después, les aplicaban variados colores para pintar figuras humanas, animales o diseños geométricos.

La caída de Teotihuacan es uno de los grandes misterios de la historia antigua de México. Los investigadores piensan que si la gran ciudad necesitaba enormes cantidades de madera para la construcción y de leña para mantener encendidos los abundantes braseros sagrados de la urbe, la preparación de alimentos y la iluminación nocturna, esto provocó un proceso de deforestación de los bosques cercanos y, con ello, de manera similar a nuestros días, problemas de falta o exceso de lluvia, lo que causaría inundaciones y sequías, con las consecuentes malas cosechas, enfermedades y problemas sociales.

También se piensa que como los teotihuacanos controlaban las rutas de comercio y, en especial, de la preciada obsidiana, otras ciudades buscarían convertirse en sus competidoras para tener parte del mercado. Al cabo de los años las poblaciones rivales se convirtieron a su vez en ciudades de primer orden, como El Tajín en Veracruz, Xochicalco en Morelos y Cacaxtla en Tlaxcala.

Otros investigadores, con base en las huellas de incendios y destrucción de algunos edificios, han propuesto que quizás hubo rebeliones dentro de la misma sociedad teotihuacana, encabezadas por los grupos más pobres. Con los mismos datos, otros estudiosos piensan que es posible que grupos de invasores de otras regiones atacaran de improviso a la gran ciudad.

Aunque se ignoren las verdaderas causas de la caída de Teotihuacan, se conocen las consecuencias del abandono de la gran ciudad. Entre estas, la más importante es el fin de su superioridad política y económica en Mesoamérica. Esto supuso el inicio de un largo proceso de reacomodo de pueblos y el surgimiento de nuevas ciudades que intentaron ocupar el lugar de Teotihuacan.

Como toda gran cultura, la teotihuacana dejó un importante legado cultural para los pueblos y las ciudades que la sucedieron. Entre estas destaca la herencia del urbanismo; todos los pueblos mesoamericanos posteriores construyeron sus ciudades con sus propios estilos, pero a partir de la tradición teotihuacana.

Muchos siglos después del abandono de Teotihuacan, los pueblos nahuas que habitaban en el centro de México reconocieron en las ruinas de la ciudad las huellas de su antigua grandeza. Pensaron que las pirámides del Sol y la Luna no eran obra de manos humanas, sino que debieron ser construidas por los mismísimos dioses y por los gigantes de los que hablaban las antiguas tradiciones.

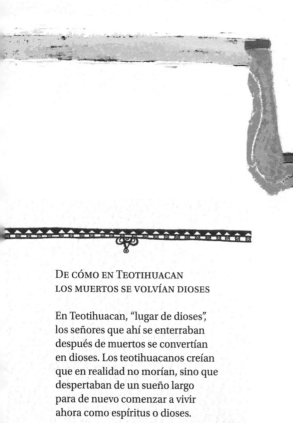

De cómo en Teotihuacan los muertos se volvían dioses

En Teotihuacan, "lugar de dioses", los señores que ahí se enterraban después de muertos se convertían en dioses. Los teotihuacanos creían que en realidad no morían, sino que despertaban de un sueño largo para de nuevo comenzar a vivir ahora como espíritus o dioses.

Los nahuas del siglo XVI pensaban que Teotihuacan era el lugar donde se desarrolló la historia sagrada del nacimiento del quinto Sol. Los pueblos mesoamericanos del siglo XVI creían que antes de ellos habían existido cuatro eras o soles, habitados por otros hombres distintos de los actuales. Para ellos el quinto y último Sol, en el que ellos vivían, había tenido comienzo en Teotihuacan.

El nacimiento del quinto Sol en Teotihuacan

"Se dice que cuando aún era de noche, cuando aún no había luz, cuando aún no amanecía, dicen que se juntaron los dioses, allá en Teotihuacan. Dijeron, se dijeron entre sí: '¡Vengan, oh dioses! ¿Quién tomará sobre sí, quién llevará a cuestas, quién alumbrará, quién hará amanecer?'. Y en seguida ahí habló aquel, ahí presentó su rostro Tecuciztecatl, señor de los caracoles. Dijo: '¡Oh dioses, en verdad yo seré!'.

Otra vez dijeron los dioses: '¿Quién otro más?'. En seguida unos y otros se miran entre sí, unos a otros se hacen ver, se dicen: '¿Cómo será? ¿Cómo habremos de hacerlo?'. Nadie se atrevía, ningún otro presentó su rostro. Todos los grandes señores manifestaban su temor, retrocedían. Nadie se hizo ahí visible. Nanahuatzin, el bubosillo, uno de esos señores, ahí estaba junto a ellos, permanecía, escuchando cuanto le decían. Entonces los dioses se dirigieron a él, y le dijeron: '¡Tú, tú serás, oh Nanahuatzin!'. Él entonces se apresuró a recoger la palabra, la tomó de buena gana. Dijo: 'Está bien, oh dioses, me han hecho un bien'."

Fray Bernardino de Sahagún, *Historia general de las cosas de Nueva España.*

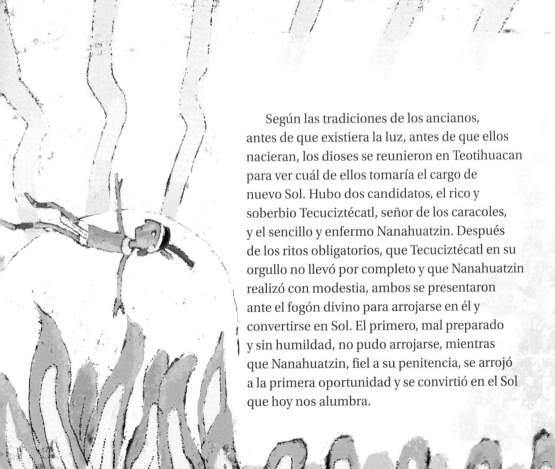

Según las tradiciones de los ancianos, antes de que existiera la luz, antes de que ellos nacieran, los dioses se reunieron en Teotihuacan para ver cuál de ellos tomaría el cargo de nuevo Sol. Hubo dos candidatos, el rico y soberbio Tecuciztécatl, señor de los caracoles, y el sencillo y enfermo Nanahuatzin. Después de los ritos obligatorios, que Tecuciztécatl en su orgullo no llevó por completo y que Nanahuatzin realizó con modestia, ambos se presentaron ante el fogón divino para arrojarse en él y convertirse en Sol. El primero, mal preparado y sin humildad, no pudo arrojarse, mientras que Nanahuatzin, fiel a su penitencia, se arrojó a la primera oportunidad y se convirtió en el Sol que hoy nos alumbra.

Tula y los toltecas: la ciudad y el pueblo de Quetzalcóatl

EN LAS TRADICIONES INDÍGENAS SIEMPRE SE MENCIONA EL NOMBRE DE TULA COMO LA CIUDAD DONDE GOBERNABA EL PERSONAJE MÁS FAMOSO DE MESOAMÉRICA, CE ÁCATL TOPILTZIN QUETZALCÓATL. BAJO SU MANDO, LA CIUDAD VIVIÓ UN PERIODO DE RIQUEZA Y ABUNDANCIA; EL PROPIO QUETZALCÓATL POSEÍA CASAS HECHAS DE CONCHAS MARINAS Y PLUMAS DE AVES TROPICALES. LOS HABITANTES DE LA CIUDAD, LOS TOLTECAS, TENÍAN FAMA DE SER LOS MEJORES ARTISTAS Y DE POSEER LOS MÁS GRANDES CONOCIMIENTOS EN TODAS LAS RAMAS DEL SABER INDÍGENA.

En el estado de Hidalgo, a 70 kilómetros de la ciudad de México, en los límites entre la cuenca de México y la llamada Teotlalpan, "la tierra grande", se encuentra ubicada la ciudad arqueológica de Tula Xicocotitlan. La región cuenta con el suministro de agua que aportan los ríos Tula y Rosas, aprovechado desde tiempos antiguos para la agricultura, por lo que fue una zona rica para la producción de alimentos.

Hay también minas de granito y basalto, piedras que eran muy útiles para construir edificios, labrar esculturas y relieves y elaborar enseres de uso doméstico, como molcajetes y metates. Pero el recurso mineral más importante eran los ricos yacimientos de piedra caliza, los cuales, desde tiempos teotihuacanos, fueron aprovechados para obtener cal, que se usaba para preparar la argamasa que se conoce como estuco, y que fue aprovechada por las culturas mesoamericanas para el recubrimiento de edificios y el acabado de las viviendas. Por esa razón muchos grupos quisieron controlar la explotación de tan valioso recurso natural.

LOS TOLTECAS

"Estos primeros pobladores, según lo manifiestan los antiquísimos edificios que ahora están muy manifiestos, fueron gente robustísima y sapientísima y belicosísima. Entre las cosas muy notables que hicieron, edificaron una ciudad fortísima, en tierra opulentísima, de cuya felicidad y riquezas aun en los edificios destruidos de ella hay grandes indicios. A esta ciudad llamaron *Tulan*, que quiere decir 'lugar de fertilidad y abundancia', y aun ahora se llama así y es lugar muy ameno y fértil.

En esta ciudad reinó muchos años un rey llamado *Quetzalcóatl*, gran nigromántico e inventor de la nigromancia, y la dejó a sus descendientes y hoy día la usan. Fue extremado en las virtudes morales. Está el negocio de este rey entre estos naturales, como el del rey Arturo entre los ingleses.

Fue esta ciudad destruida y este rey ahuyentado; dice que caminó hacia el oriente, y que se fue hacia la ciudad del Sol, llamada *Tlapallan*, y que fue llamado del Sol. Y dicen que es vivo, y que ha de volver a reinar y a reedificar aquella ciudad que le destruyó, y así hoy día le esperan."

Fray Bernardino de Sahagún,
Historia general de las cosas de Nueva España.

Hasta donde puede saberse, las raíces de la cultura tolteca se remontan al fin del periodo Clásico, entre los años 750 y 900. A la caída de Teotihuacan poco a poco fueron llegando a los alrededores del río Tula grupos de inmigrantes provenientes del norte de Mesoamérica. Eran personas que a fuerza de enfrentar a los fieros nómadas de Aridoamérica habían terminado por aprender de ellos su habilidad y fiereza para la guerra. Con el transcurso de las generaciones, los teotihuacanos y los grupos del norte que quedaban se fueron mezclando y dieron lugar a lo que conocemos como cultura tolteca.

La fundación de Tula, hacia el año 900 de nuestra era, inauguró en el centro de México el periodo Posclásico (de 900 a 1521). Tula tuvo su época de esplendor aproximadamente desde 950 hasta 1150. En este periodo se edificaron los principales monumentos que hoy pueden visitarse en la zona arqueológica, y la ciudad alcanzó una extensión de 15 kilómetros cuadrados.

También en ese tiempo, los toltecas mantuvieron estrechos contactos culturales y comerciales con otros pueblos, especialmente con los grupos cercanos del Altiplano central, con los huaxtecos y totonacos de la costa del Golfo y con los mayas de los actuales Chiapas y Guatemala. En este periodo los toltecas emprendieron diversas conquistas militares.

Ya fuera gracias a los contactos comerciales, a las conquistas militares o al prestigio que alcanzó la cultura tolteca, lo cierto es que su estilo artístico pronto se extendió por muchas regiones de Mesoamérica.

Entre los años 1150 y 1200 sucedió el fin de Tula. Por razones que se desconocen el centro de la ciudad fue destruido e incendiado. Muchos de los principales monumentos fueron destrozados con saña, como ocurrió con los llamados atlantes, que fueron desmontados y enterrados en una zanja excavada para ese propósito en una pirámide.

VESTIGIOS DE TULA

"[Los toltecas] fueron a poblar a la ribera de un río [...] el cual tiene ahora el nombre de *Tulla*, y de haber morado y vivido ahí juntos hay señales de las muchas obras que ahí hicieron, entre las cuales dejaron una obra que [...] hoy en día se ve, aunque no la acabaron, que llaman *coatlaquetzalli*, que son pilares de hechura de culebra, que tienen la cabeza en el suelo, por pie, y la cola y los cascabeles de ella tienen arriba. Dejaron también una sierra o un cerro, que los dichos toltecas comenzaron a hacer y no lo acabaron, y los edificios viejos de sus casas, y el encalado parece hoy día. Hállanse también hoy día cosas suyas primamente hechas, conviene a saber, pedazos de olla, o barro, vasos, escudillas y ollas. Sácanse también de debajo de tierra joyas y piedras preciosas, esmeraldas y turquesas finas."

Fray Bernardino de Sahagún, *Historia general de las cosas de Nueva España*.

En las tradiciones de los pueblos de habla náhuatl recogidas
y transcritas en el siglo XVI por frailes, funcionarios e indígenas,
el pasado tolteca es visto de manera totalmente idealizada, ya que,
con el paso del tiempo y de las generaciones, la antigua ciudad
de Quetzalcóatl se fue revistiendo con los colores de la nostalgia,
la admiración y la leyenda. Por ello estas crónicas no nos cuentan
cómo fue Tula, sino cómo creían los indígenas que había sido.
Así, para los nahuas del siglo XVI la Tula de los siglos XI y XII era
la ciudad ideal, llena de todo lo bueno y deleitoso, la urbe que
poseía todas las riquezas materiales, todas las bellezas que el
arte podía prodigar, en fin, el lugar que tenía todo lo que podía
desearse a los ojos del mundo mesoamericano.

Según las antiguas tradiciones indígenas, el comienzo de Tula y los toltecas estuvo marcado por la llegada de Mixcóatl al Altiplano central de México, personaje que se consideraba a la vez un hombre y un dios. Se trataba de un gran guerrero proveniente de las estepas del norte de Mesoamérica. Según la tradición, mientras cazaba, Mixcóatl encontró a una bella mujer de nombre Chimalma, que estaba totalmente desnuda. Al principio Mixcóatl trató de flecharla cuatro veces, pero ella esquivó sus flechas. Al final, no pudiendo vencerla por las armas, Mixcóatl amenazó con destruir a los pobladores del lugar, vecinos de Chimalma, si ésta no se entregaba. Para evitar el conflicto, ella accedió y se casó con el guerrero. Tiempo después, Chimalma murió al dar a luz al hijo de ambos, el cual tuvo por nombre Quetzalcóatl.

Para acercarse a la figura de Quetzalcóatl es necesario comprender que para los pueblos mesoamericanos este personaje fue, al mismo tiempo, un dios, un gobernante y un sacerdote. Las crónicas hablan de una primera etapa en la vida de Quetzalcóatl como un joven y apasionado guerrero que emprendió exitosas campañas militares contra sus vecinos y de esta manera consolidó el poder de Tula. En una segunda etapa, las tradiciones mesoamericanas presentan a un Quetzalcóatl muy distinto. Se habla de un hombre anciano, retirado de la vida pública y dedicado al sacerdocio.

Es en esta segunda etapa cuando Tula alcanzó su mayor desarrollo y prosperidad. Por ejemplo, se dice que Quetzalcóatl se había retirado a sus casas elaboradas con lujosos materiales, como oro, plata, turquesa, conchas marinas y corales. La ciudad también poseía casas recubiertas de plumas preciosas de quetzal y otras aves tropicales.

LAS RIQUEZAS DE TULA

"Tenía el dicho *Quetzalcóatl* todas las riquezas del mundo, de oro y plata y piedras verdes, que se llaman *chalchihuites*, y otras cosas preciosas, y mucha abundancia de árboles de cacao de diversos colores, que se llaman *xochicacáotl*; y los dichos vasallos de dicho *Quetzalcóatl* estaban muy ricos y no les faltaba cosa ninguna, ni había hambre ni falta de maíz, ni comían las mazorcas de maíz pequeñas sino con ellas calentaban los baños, como leña."

Fray Bernardino de Sahagún,
Historia general de las cosas de Nueva España.

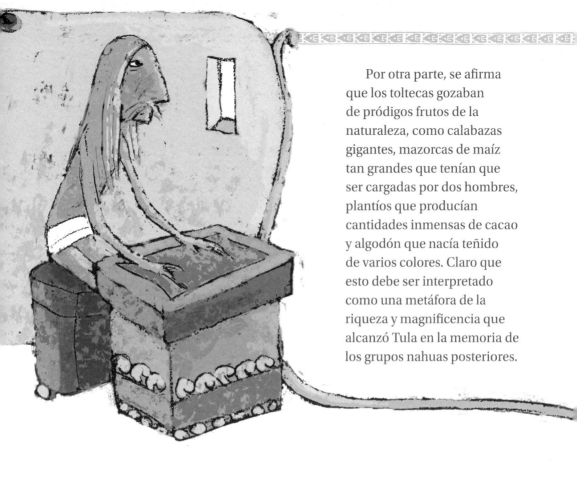

Por otra parte, se afirma que los toltecas gozaban de pródigos frutos de la naturaleza, como calabazas gigantes, mazorcas de maíz tan grandes que tenían que ser cargadas por dos hombres, plantíos que producían cantidades inmensas de cacao y algodón que nacía teñido de varios colores. Claro que esto debe ser interpretado como una metáfora de la riqueza y magnificencia que alcanzó Tula en la memoria de los grupos nahuas posteriores.

Así también algunas tradiciones afirman que los toltecas fueron sabios que fundaron todos los campos del conocimiento antiguo: la medicina, la herbolaria, la astronomía, el calendario y la minería. Hoy sabemos que estos conocimientos eran muy antiguos en Mesoamérica, por lo menos de la época de los olmecas del Preclásico (de 2500 a. C. a 100 d. C.), mientras que otros logros se debían a la cultura de Teotihuacan, pero los indígenas del siglo XVI, al final del periodo Posclásico (de 900 a 1521) creían que eran un legado que debían a los toltecas.

Tula, la antigua ciudad de los toltecas, sobrevivió gracias a una intensa explotación agrícola de las tierras que los ríos Tula y Rosas regaban. Los toltecas también desarrollaron una gran producción artesanal, especialmente de cerámica y obsidiana. Tula estableció un intenso comercio de cerámica para usos rituales con la Huaxteca y Chiapas. También comerciaron piedras preciosas, como el jade y la turquesa, con lugares tan distantes como el norte de Mesoamérica y el sureste. De igual manera los toltecas importaron finas conchas de las costas tanto del Pacífico como del golfo de México.

Además, las crónicas refieren la existencia de un importante *tianquiztli*, antecedente prehispánico del actual tianguis, esto es, el mercado indígena. En él se reunían productores y mercaderes de muchos lugares de Mesoamérica, y lo mismo se intercambiaban productos de primera necesidad, como leña y alimentos, que artículos lujosos y exclusivos, como joyas y pieles de animales exóticos.

La sociedad tolteca tenía un grupo de poder al que pertenecían los gobernantes y los sacerdotes. Al parecer los artesanos ocupaban una posición ventajosa y su labor era muy estimada. Sosteniendo la sociedad estaban los agricultores que vivían en los alrededores de la ciudad.

El gobernante tolteca recibía el título de *tlahtoani*, "el que habla", es decir, el que manda. Este gobernante presidía una alianza política y militar llamada *Excan tlahtoloyan*, que significa "el lugar de gobierno de las tres sedes" y que estaba formada por tres ciudades: Tula, la principal, Otumba y Culhuacan. Tanto el cargo de *tlahtoani* como la institución del *Excan tlahtoloyan* fueron retomados por otro grupos nahuas posteriores, como los mexicas.

Al parecer los toltecas poseían una religión muy similar a la de sus herederos, los mexicas de Tenochtitlan. Sabemos que los toltecas creían que el mundo estaba organizado en tres niveles verticales, el *Ilhuícatl* o "región celeste"; *Tlaltícpac* o "superficie de la tierra"; y el *Mictlan*, la "región de los muertos". También pensaban que la superficie de la tierra estaba organizada en cinco regiones: los cuatro rumbos o puntos cardinales y la región del centro.

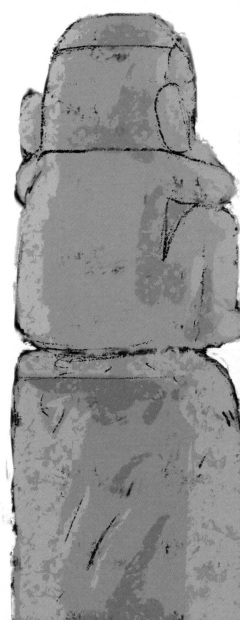

Por las representaciones encontradas en relieves y esculturas de Tula así como por las referencias de las crónicas, se sabe que los toltecas creían en Ometecuhtli y Omecíhuatl, la pareja primordial de dioses creadores, cuyos hijos eran el resto de las deidades nahuas. El principal dios de Tula fue Quetzalcóatl, considerado el patrón de los gobernantes, sacerdotes y artesanos. Estrechamente vinculados a este dios estaban Mixcóatl, su padre, concebido como dios de la caza y la guerra, así como Tlahuizcalpantecuhtli, "el señor de la casa del alba", que era un desdoblamiento del propio Quetzalcóatl en su aspecto guerrero.

Otros dioses de los toltecas
fueron Tláloc, propiciador
de las lluvias y las cosechas
abundantes; Itzpapálotl, diosa
de la tierra; Centéotl, dios del
grano del maíz; Xipe Tótec,
dios de los orfebres y la
primavera; Tezcatlipoca, dios
nocturno patrón de los magos
y quien distribuía la riqueza;
e incluso se tiene rastro de
la presencia del dios patrón
de los mexicas, Huitzilopochtli.

Ejercieron como rito el juego de pelota, por lo que hay un par de
canchas dentro del recinto ceremonial. Y se sabe que practicaron
los sacrificios humanos como máxima ofrenda a sus dioses.

El arte tolteca destaca en arquitectura, escultura y relieve. En arquitectura, los toltecas introdujeron ciertas novedades a la tradición arquitectónica del Altiplano central: edificios con amplios espacios techados que eran de planta cuadrangular, con un patio hundido al centro y extensas columnatas que sostenían techos de madera. Estos edificios seguramente eran usados por los gobernantes y sacerdotes para celebrar asambleas.

Los toltecas diseñaron un nuevo tipo de edificio, conocido como *tzompantli*, que quiere decir "altar de calaveras", el cual consistía en una plataforma que sostenía una empalizada donde se ensartaban los cráneos de los enemigos vencidos en la guerra. También construyeron el *coatepantli*, "muro de serpientes", que es un muro que corre alrededor de la pirámide principal y que servía para delimitar los espacios más sagrados.

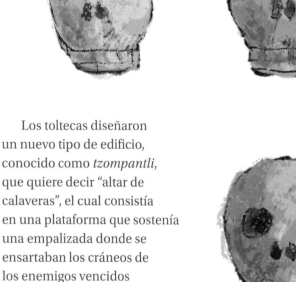

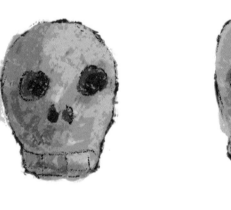

La escultura y el relieve toltecas casi siempre están asociados a la arquitectura, ya sea como recubrimientos de los edificios o como parte de la decoración. En el arte tolteca predominan los motivos que aluden a la guerra y al sacrificio de los cautivos. Por ello existen abundantes relieves con la representación de procesiones de gobernantes guerreros mostrando sus atuendos, divisas —que son las insignias, emblemas o medallas que llevan los guerreros sobre la ropa— y armas. También se representan procesiones de aves y animales fieros, como águilas, jaguares, pumas, lobos y coyotes, que devoran corazones humanos. Igualmente se han encontrado relieves representando jugadores de pelota, ofrendas y símbolos de guerra.

Los toltecas introdujeron al Altiplano central las esculturas conocidas como *chac mol*, que son figuras humanas recostadas, con las piernas flexionadas, que voltean a un lado y sostienen una vasija. Asimismo hicieron esculturas monumentales, los "Atlantes de Tula", que más bien parecen columnas y que estaban cubiertas de relieves que representan guerreros portando armas e insignias.

Los toltecas también desarrollaron el trabajo de artículos elaborados, como mosaicos de conchas marinas. En especial hay que destacar una vasija que representa un rostro humano emergiendo de las fauces de un coyote, y que está recubierto por finas placas de concha nácar. También se ha conservado un pectoral o peto ritual hecho con mil seiscientas placas de concha roja.

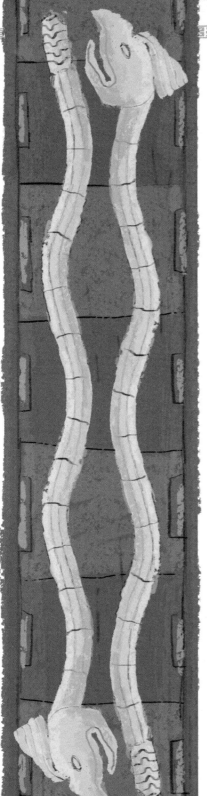

Los toltecas fueron grandes carpinteros y además elaboraron pinturas murales con motivos de animales, como el venado. Tanta fue la fama de los toltecas como artesanos que su nombre se volvió sinónimo de *artista*, así en los diccionarios coloniales del náhuatl la explicación de la palabra *toltécatl* es "oficial de arte mecánica", esto es, el artista.

LOS TOLTECAS, ARTISTAS DE MESOAMÉRICA

"Estos dichos *toltecas* [...] no tenían otro nombre particular sino el que tomaron de la curiosidad y primor de las obras que hacían, que se llamaron *toltecas* que es tanto como si dijésemos oficiales pulidos y curiosos, como ahora los de Flandes, y con razón, porque eran tan sutiles y primos en cuanto ellos ponían la mano que todo era muy bueno, curioso y gracioso, como las casas que hacían muy curiosas, que estaban de dentro muy adornadas de cierto género de piedras preciosas, muy verdes, por encalado; y las otras que no estaban así adornadas tenían un encalado muy pulido que era de ver, y piedras de que estaban hechas, tan bien labradas y tan bien pegadas que parecía ser cosa de mosaico; y así con razón se llamaron cosas de primos y curiosos oficiales, por tener tanta lindeza de primor y labor."

Bernardino de Sahagún,
Historia general de las cosas de Nueva España.

Según las historias que relataban los antiguos nahuas, Quetzalcóatl, ya anciano, presidía tranquilamente las riquezas de los toltecas y la prosperidad de su ciudad cuando un grupo de dioses decidió poner fin a esa situación. Se trataba de los dioses Tezcatlipoca y Huitzilopochtli. Para llevar a cabo sus planes, Tezcatlipoca pensó en confundir a Quetzalcóatl y hacerlo abandonar su vida de sacerdote.

Tezcatlipoca se transformó por medio de la magia en un hombre viejo que llevó una medicina a Quetzalcóatl, quien, ya anciano, padecía de diversos achaques. El sacerdote tolteca no dudó del recién llegado y tomó un poco de la medicina que le ofrecía y, como momentáneamente se sintió bien, bebió más. La supuesta medicina era en realidad pulque elaborado con hongos alucinógenos que provocaban visiones fantásticas. Después de ingerir esta "medicina", Quetzalcóatl se intoxicó y perdió la conciencia de sus obligaciones sacerdotales. Dejó de orar a los dioses, olvidó presidir los ritos y ya no celebró sacrificios; en otras palabras, dejó de ser el sacerdote de los toltecas y perdió el favor de los dioses que habían engrandecido a Tula.

La embriaguez de Quetzalcóatl

"[Quetzalcóatl dice a Tezcatlipoca]: '¡Oh, viejo!, no quiero beber [la medicina]'. Y le respondió el viejo diciendo: 'Señor, bebedla, porque si no la bebéis después se os ha de antojar; a lo menos ponéosla en la frente, o bebed tantito.'

Y el dicho Quetzacóatl gustó y probola, y después bebiola diciendo: '¿Qué es esto? Parece ser cosa muy buena y sabrosa; ya me sanó y quitó la enfermedad, ya estoy sano'. Y más otra vez le dijo el viejo: 'Señor, bebedla otra vez porque es muy buena la medicina y estaréis más sano'.

Y el dicho Quetzalcóatl bebiola otra vez, de que se emborrachó y comenzó a llorar tristemente, y se le movió y ablandó el corazón para irse, y no se le quitó del pensamiento lo que tenía por el engaño y burla, que le hizo el dicho nigromántico viejo; y la medicina que bebió el dicho Quetzalcóatl era vino blanco de la tierra, hecho de magueyes que se llaman *teómetl* 'maguey divino'."

Fray Bernardino de Sahagún, *Historia general de las cosas de Nueva España*.

Contaban los ancianos nahuas que después de que Tezcatlipoca hubiera perpetrado otros engaños, Tula y los toltecas dejaron de recibir los dones divinos. Por esto los campos dejaron de producir alimentos, el maíz y la calabaza dejaron de crecer, mientras las bellas aves que engalanaban la ciudad emigraron a lejanas tierras, cundieron las enfermedades y la otrora próspera Tula se fue convirtiendo poco a poco en una tierra seca, árida. Finalmente, el mismo Quetzalcóatl, vencido y carcomido por la culpa, tuvo que abandonar su ciudad.

No conformes con la destrucción de Tula y la derrota de Quetzalcóatl, Tezcatlipoca y Huitzilopochtli lo emboscaron en el camino y le robaron lo último que poseía, la *toltecáyotl*. Para los antiguos nahuas la *toltecáyotl* era todo aquello que era propio de los toltecas y los distinguía como pueblo, esto es, sus habilidades artísticas y conocimientos. Cuando los ancianos indígenas afirmaban que Tezcatlipoca y Huitzilopochtli robaron a Quetzalcóatl la *toltecáyotl*, en realidad querían decir cómo la herencia de la cultura mesoamericana era arrebatada a los toltecas para que fuera disfrutada por los grupos protegidos por los dioses vencedores, o sea, los pueblos nahuas sucesores de Tula, entre ellos los propios mexicas.

Canto de la huida de Quetzalcóatl

"Hubo una casa en Tula hecha de maderamiento:
Hoy sólo quedan en fila columnas en figura de serpientes:
¡Se fue, la dejó abandonada Nácxitl, Quetzalcóatl,
        nuestro príncipe!
Ahí al son de trompetas son llorados nuestros príncipes!
Ah, ya se fue: se va a perder allá en Tlapala.

• • • • •

Se rompen los montes: yo me pongo a llorar.
Se alzan las arenas del mar: yo me pongo triste.

• • • • •

¿Cómo quedarán desolados tus patios y entradas?
¿Cómo quedarán desolados tus palacios?
¡Ya los dejaste huérfanos aquí en Tula Nonohualco!
En madera, en piedra te dejaste pintado.
Y allá en Tula vamos a gritar:
Oh Nácxitl [Quetzalcóatl], príncipe nuestro,
jamás se extinguirá tu renombre,
¡pero por él llorarán tus vasallos!"

Cantares mexicanos, siglo XVI.

Los tarascos: guerreros de los lagos

EN VÍSPERAS DE LA CONQUISTA ESPAÑOLA LOS TARASCOS O PURÉPECHAS
ERAN UNO DE LOS GRUPOS MÁS NOTABLES DEL MUNDO MESOAMERICANO.
AL IGUAL QUE SUS CONTEMPORÁNEOS Y RIVALES LOS MEXICAS, LOS TARASCOS
ERAN GUERREROS PROVENIENTES DEL NORTE DE MESOAMÉRICA
QUE EN POCO TIEMPO SE ADUEÑARON DE UNA IMPORTANTE ZONA LACUSTRE,
EL LAGO DE PÁTZCUARO. DESDE SU CAPITAL, TZINTZUNTZAN, LOS TARASCOS
EMPRENDIERON LA INVASIÓN DE EXTENSOS TERRITORIOS.

Rodeados por la gran belleza de la región del lago de Pátzcuaro, los
tarascos y los pueblos que habitaron el lugar mucho antes que ellos gozaron
de los abundantes recursos naturales que la zona tenía. El lago proporcionaba
a los lugareños una pesca abundante, como la del famoso pescado blanco que
todavía hoy se consume, así como la del axolote, un anfibio lacustre del
que, además de ser un alimento fuente de proteína, se obtiene hasta la fecha
una prestigiada medicina para enfermedades de las vías respiratorias.

Las islas del lago eran el lugar de anidación de aves migratorias que proporcionaban guano —sus excrementos aprovechados como fertilizante natural—, plumas para la elaboración de artesanías y huevos y carne que hacían más variada y rica la alimentación de los antiguos michoacanos. Por otra parte, los tarascos desarrollaron en las aguas del lago el comercio y el transporte por medio de canoas.

Las riberas del lago eran tierras fértiles adecuadas para la agricultura gracias a su humectación constante. También se usaban terrazas de cultivo en las colinas cercanas, que aprovechaban el riego de las lluvias de temporada. Por otra parte, los bosques de las montañas que rodean los lagos proporcionaban madera para la construcción de edificios y leña para alimentar los fogones de las casas y los braseros sagrados de los templos.

LA PROVINCIA Y REINO DE MICHOACÁN

"Cae aquesta provincia o reino de Michoacán, hacia el Poniente, en un sitio tan apacible que el cielo, aires, aguas y temperamentos, acreditan su felicidad. [...]
Las aguas que riegan este paraíso terrenal son las más abundantes de que goza este reino, tan dulces y potables como las pide el deseo y así no hay pueblo y ciudad y villa que no tenga su socorro en fuentes o ríos que de ordinario hay en su contorno. No las cuento porque es imposible, por ser tantas, que anegarían la atención de la historia. [...]
La principal laguna que tiene esta provincia es la de Pátzcuaro, en cuyo contorno estuvo en su primera fundación la corte del gran Caltzontzin. Y así no hubo palmo de tierra que no estuviera poblado, y aún hoy que no hay casi gente, se han conservado muchos pueblos como son; la ciudad de Tzintzuntzan, cabeza del reino, que está a la orilla de la misma laguna, batida de las aguas, tributándole la antigua obediencia de los reyes y monarcas que de ordinario tuvieron ahí su asistencia."

Fray Alonso de la Rea, *Crónica de la orden de San Francisco*.

En este entorno convivieron durante mucho tiempo comunidades de agricultores que hablaban náhuatl y se ubicaban en las riberas del lago, con grupos de pescadores que hablaban purépecha y se asentaban en las islas del mismo.

Los tarascos llegaron a la zona lacustre de Pátzcuaro entre finales del siglo XII y comienzos del siglo XIII. Se trataba de un nuevo grupo de habla purépecha, proveniente del norte, inmigrantes guerreros que ya conocían tanto la forma de vida de los habitantes de las riberas de los lagos como la organización política de la región. Este pueblo se hacía llamar *uacúsecha*, que quiere decir "águilas", aunque son más conocidos como tarascos.

DEL TÉRMINO *TARASCO*

Se desconoce el origen del término *tarasco*, y lo único claro es que ellos mismos no se daban ese nombre; preferían usar la palabra *purépecha* para designar su lengua y a los hombres comunes del pueblo, mientras que la designación *uacúsecha* se reservaba al grupo de habla purépecha que conformó el poderío político y territorial que habitualmente se conoce como "estado" o "reino tarasco". Fueron los antiguos nahuas quienes les dieron el nombre de *tarascos*, también los llamaron *michuaque*, que quiere decir "poseedores de pescados", debido a la gran abundancia de peces que había en los lagos del actual estado de Michoacán.

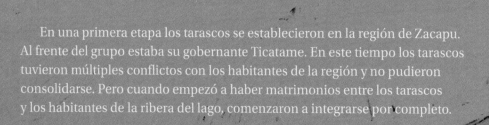

En una primera etapa los tarascos se establecieron en la región de Zacapu. Al frente del grupo estaba su gobernante Ticatame. En este tiempo los tarascos tuvieron múltiples conflictos con los habitantes de la región y no pudieron consolidarse. Pero cuando empezó a haber matrimonios entre los tarascos y los habitantes de la ribera del lago, comenzaron a integrarse por completo.

En una segunda etapa, fue el hijo de un jefe purépecha y una mujer de los pescadores, llamado Tariácuri, quien realmente dirigió el periodo de desarrollo y posterior consolidación de los tarascos. Para ello, y con la ayuda de su hijo y dos sobrinos, durante veinte años conquistaron diversos pueblos de las zonas serranas. En esta etapa, hacia 1450, tres fueron las principales ciudades que los tarascos fundaron en las riberas o cercanías del lago: Pátzcuaro, Ihuatzio y Tzintzuntzan. Con el tiempo, Tzintzuntzan llegó a convertirse en la sede del gobierno purépecha.

LA GENTE DE MICHOACÁN Y SU TIERRA

"[Se dice] *Michoaque* cuando son muchos, y cuando uno, *michoa*, y quiere decir, 'hombre u hombres abundantes de peces', porque en la provincia de ellos ahí es la madre de los pescados, que es Michoacán. En su tierra se dan muy bien los bastimentos, maíz, frijoles, pepitas y fruta, y las semillas de mantenimientos llamadas *huauhtli* [amaranto] y *chían* [chía]."

Fray Bernardino de Sahagún,
Historia general de las cosas de Nueva España.

Una vez controlada la región de Pátzcuaro y sus alrededores, los tarascos, bajo el mando del gobernante Tzintzinpandácure, emprendieron una agresiva y rápida expansión territorial en la que pronto se toparon con otro gran poder político, el de los mexicas y su Triple Alianza. Sin embargo, los contendientes eran tan poderosos que ninguno pudo imponerse militarmente sobre el otro. Esto generó una zona de frontera con fortificaciones y aliados de ambos bandos. A la llegada de los españoles en el siglo XVI, los tarascos o *uacúsechas* controlaban poco más o menos el territorio del actual estado de Michoacán, además de zonas de Jalisco, Colima, Guerrero y el Estado de México.

La sociedad tarasca prehispánica estaba dividida en dos grandes sectores. El primero era el grupo dominante, del cual surgían los miembros encargados del gobierno, la administración, la guerra y la religión. Al segundo grupo pertenecían los hombres del pueblo, simples campesinos encargados del trabajo agrícola, y que en determinados momentos participaban en las obras públicas o se incorporaban a las grandes campañas militares organizadas por los gobernantes.

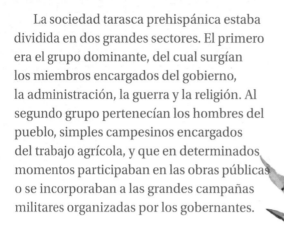

COSTUMBRES DE LOS TARASCOS

"Sus casas eran lindas aunque todas eran de paja; los hombres lindos y primos [primeros] oficiales, carpinteros, entalladores, pintores y lapidarios, y buenos oficiales de cotaras; y sus mujeres lindas tejedoras, buenas trabajadoras y lindas labranderas de mantas galanas, y de las grandes que traen dobladas. Hacían su comida para dos o tres días, y aun para ocho días, por no hacerla cada día."

Fray Bernardino de Sahagún, *Historia general de las cosas de Nueva España*.

Los purépechas reducían a la condición de esclavos a los numerosos prisioneros de guerra que tomaban de sus enemigos durante sus constantes campañas militares. Los esclavos trabajaban en la construcción de edificios y obras públicas, como templos, acueductos y presas.

GOBIERNO DE LOS TARASCOS

"A su rey todos le tenían reverencia y respeto y le obedecían
en todo, conociéndole por su señor los demás señores
y principales de su provincia, y dándole tributo todos
los indios en reconocimiento de vasallaje; y no era menor
que el rey de México."

Fray Bernardino de Sahagún,
Historia general de las cosas de Nueva España.

El máximo gobernante
purépecha recibía el título
de *irecha*, aunque también
fue conocido como *cazonci*.
Entre las tareas del gobernante
estaba la de comandar los
ejércitos, vigilar el culto
a los dioses, cuidar de la
administración y presidir
los tribunales.

El principal sacerdote de los tarascos era conocido como *petámuti*; entre sus obligaciones había una de particular interés, ya que durante una de las fiestas más relevantes este sacerdote era el encargado de relatar a viva voz a los asistentes la historia del pueblo tarasco. Este relato fue recogido y transcrito en el siglo XVI por un fraile franciscano en la obra *Relación de Michoacán*.

LA *RELACIÓN DE MICHOACÁN*

La *Relación de las ceremonias y ritos, y población y gobierno de los indios de la provincia de Michoacán*, mejor conocida por el título corto de *Relación de Michoacán*, es la principal fuente escrita para el conocimiento de la historia y la cultura del pueblo tarasco. Redactada hacia 1541, posiblemente por el franciscano fray Gerónimo de Alcalá y a petición del virrey Antonio de Mendoza, la *Relación de Michoacán* contiene las informaciones y noticias que los propios indígenas tarascos tenían acerca de su pasado y sus costumbres. Además, la obra está ampliamente ilustrada con pinturas que complementan y representan el testimonio de los informantes indígenas.

Los tarascos creían que el mundo estaba dividido en tres grandes sectores: *Auandaro* o "región celeste", *Echerendo* o "región terrestre" y *Cumiéchuícaro* o "región de los muertos". Además, la región terrestre se dividió a su vez en cinco áreas o casas del fuego. En el norte estaba la casa de los dioses primogénitos; en el sur estaba la casa de las consortes de los dioses —en la que había pulque para beber y tambores para las fiestas—; al este estaba la casa de la muerte; en el oeste estaba la casa del Sol y en el centro una quinta, la casa divina.

En la religión tarasca predominaba el culto al fuego. Y uno de los ritos más importantes era el de mantener el fuego en los fogones y hogueras de los grandes templos. Los purépechas creían que el humo era el alimento preferido por sus dioses. Igualmente pensaban que a través del humo los hombres podían comunicarse con ellos. Para preservar el culto los grandes señores y los sacerdotes estaban encargados de conseguir y acarrear leña de los montes para alimentar el fuego. Por eso el *irecha*, el principal gobernante, también era el primer fogonero de los dioses.

Este culto al fuego y la consideración del humo como alimento de los dioses es la razón por la cual sólo se permitía a los señores y a los sacerdotes fumar. Además, únicamente el *cazonci* podía ser incinerado al morir, posiblemente para que de esta manera se reuniera con los dioses. También se ofrendaban grandes cantidades de copal, tabaco, mantas finas, la sangre que los penitentes y los sacerdotes daban a las divinidades y la sangre de los delincuentes que eran sacrificados en los templos durante las fiestas religiosas.

Entre los dioses adorados por los tarascos destaca Curicaueri, deidad que presidía el fuego mismo; también era considerado mensajero del Sol, un guerrero y el responsable divino de los fogones de los templos. Curicaueri tenía cuatro hermanos, conocidos como Tirípeme, dioses que sostenían el cielo desde los cuatro puntos cardinales. Los nombres de los Tirípeme eran Xungápeti, el amarillo; Turupten, el blanco; Caheri, el negro; y Cuarencha, el rojo. Los purépechas también rendían culto a Xarátanga, diosa de la Luna, la germinación y el amor; igualmente creían en Uinturóatio, diosa del maíz, y veneraban a Tihuime, dios de la muerte.

Los tarascos destacaron en
la arquitectura monumental,
en la escultura en piedra, en la
cerámica, la metalurgia, la
lapidaria (el oficio de labrar
piedras preciosas) y el llamado
arte plumario (la elaboración de
figuras con plumas de colores).

La arquitectura monumental tarasca estaba construida
con madera y piedra. La piedra era utilizada en forma de lajas
sin pulir —piedras grandes, planas y delgadas— que se unían
"a hueso", es decir, sin usar ningún tipo de cemento o argamasa.
Al final se colocaba en los edificios una capa exterior de piedra
labrada adherida con lodo. Los monumentos más destacados
son los templos para los dioses, conocidos en lengua purépecha
como *yácatas*. Las *yácatas* eran construcciones enormes con dos
formas principales: la primera eran plataformas escalonadas
rectangulares; la segunda era una curiosa planta que combinaba
una sección rectangular a la que se juntaba una sección circular.

Para tallar esculturas, los tarascos utilizaban piedra volcánica, con la que solían representar seres humanos y animales. En cerámica elaboraron vajillas de uno o varios colores con adornos generalmente geométricos. Eran también muy hábiles diseñando las vasijas "miniatura", que eran pequeñas reproducciones de las vasijas normales que se depositaban en las tumbas para que los difuntos las llevaran con ellos en la otra vida.

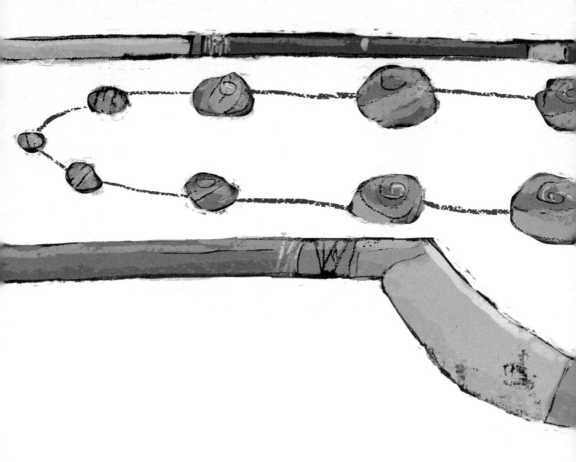

Los tarascos trabajaron los metales, en particular el oro, la plata, el cobre, el zinc, el estaño y el plomo. Gracias a sus avanzados conocimientos metalúrgicos, crearon las aleaciones de bronce (al combinar cobre y estaño), latón (al combinar cobre y zinc) y tumbaga (al combinar cobre y oro). Con estas habilidades elaboraron bellos objetos para el culto de los dioses y adornos e insignias que señalaban el poder y el prestigio de los grandes sacerdotes y gobernantes. Los tarascos también elaboraron objetos utilitarios, como instrumentos de labranza con punta de cobre o mazas con cabeza también de cobre que eran usadas como armas en la guerra.

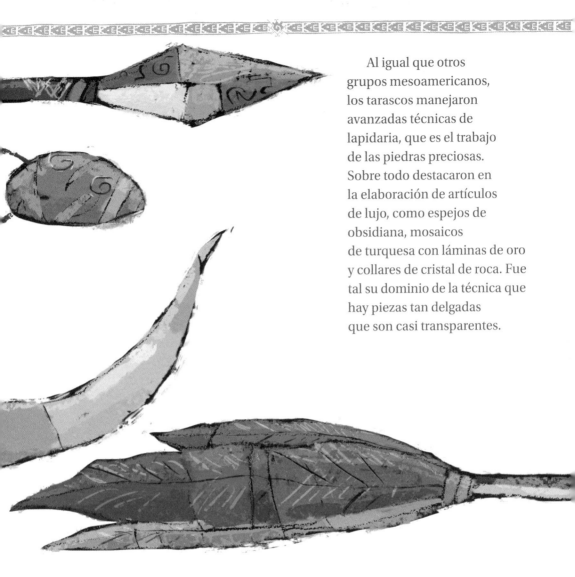

Al igual que otros grupos mesoamericanos, los tarascos manejaron avanzadas técnicas de lapidaria, que es el trabajo de las piedras preciosas. Sobre todo destacaron en la elaboración de artículos de lujo, como espejos de obsidiana, mosaicos de turquesa con láminas de oro y collares de cristal de roca. Fue tal su dominio de la técnica que hay piezas tan delgadas que son casi transparentes.

También destacaron en el trabajo de la pluma, mejor conocido como arte plumario. Este arte consiste en la combinación de plumas de diferentes colores, tamaños y texturas que, unidas con pegamentos vegetales, se colocaban sobre un lienzo de fibra de maguey. Se representaban figuras de animales y personas y se elaboraban capas, mantas, escudos, penachos y estandartes, que eran usados por los gobernantes y los sacerdotes. En la época colonial, después de la Conquista, los tarascos continuaron con el arte plumario pero adecuándolo a los motivos cristianos, elaborando, por ejemplo, cuadros de Cristo y la virgen María.

Al momento de la llegada de los españoles a Mesoamérica, dos eran los estados indígenas más poderosos: la Triple Alianza (Tetzcoco, Tacuba y los mexicas de Tenochtitlan, quienes la encabezaban) y los tarascos. Muy pronto los mexicas se dieron cuenta del gran peligro que representaban los europeos, ya que se estaban aliando con muchos grupos indígenas que eran enemigos de los mexicas y su Triple Alianza; se percataron de la superioridad técnica de las nuevas armas y de la gran cantidad de guerreros totonacas y tlaxcaltecas que apoyaban a las fuerzas del conquistador Hernán Cortés. Ante la gravedad de la crisis, los orgullosos tenochcas decidieron pedir ayuda al único pueblo que consideraban su igual en poder y valentía: los tarascos.

En la *Relación de Michoacán* se relata cómo una embajada procedente de Tenochtitlan se presentó en Tzintzuntzan ante el *irepa* purépecha, que entonces era Zuangua. Frente al gobernante, los mexicas refirieron los últimos acontecimientos y propusieron a los tarascos una alianza militar para poder enfrentar a los españoles y sus aliados. Sin embargo, Zuangua y sus consejeros, recordando los viejos conflictos militares entre ambos pueblos, desconfiaron de los mexicas y no aceptaron su propuesta.

ZUANGUA RECHAZA LA PROPUESTA DE ALIANZA DE LOS MEXICAS

"¿Qué haremos? ¿Qué es lo que nos ha acontecido, que el Sol estos dos reinos solía mirar, el de México y éste? No hemos oído en otra parte que haya otra gente; aquí servíamos a los dioses. Aquí tengo el propósito de enviar la gente a México, porque de continuo andamos en guerras, y nos acercamos unos a otros, los mexicanos y nosotros y tenemos rencores entre nosotros. Mira que son muy astutos los mexicanos en hablar y son muy arteros. A la verdad, yo no tengo necesidad, según les dije; mira no sea alguna cautela. Como no han podido conquistar algunos pueblos, quiérense vengar en nosotros y llevarnos por traición a matar y nos quieren destruir; vayan estos nahuatlatos intérpretes y estos sabrán lo que es."

Relación de Michoacán

GUERRA ENTRE LOS TARASCOS Y LOS MEXICAS

"En este encuentro mataron los tarascos muchos valerosos mexicanos y especialmente de la orden de caballería que llaman *cuachic* y de otros que llaman *otomí*. Y, entre ellos, mataron a un señor de los principales, que era pariente muy cercano del rey y uno de los del consejo real de los cuatro, que era escogido para la elección del rey. Al cual [señor] los tarascos, conociéndole en la divisa ser de sangre real, le llevaron a su real, así muerto, para con esto mostrar su valor y menospreciar a los mexicanos. Con lo cual los tarascos, haciendo mucho escarnio y burla de los mexicanos, se volvieron a su real, no queriendo llevar adelante su victoria que el tiempo les concedía."

Fray Diego Durán,
Historia de las Indias de Nueva España e islas de la tierra firme.

Poco tiempo después, y aún antes de ver al primer soldado español, los purépechas resintieron los efectos de la llegada europea. Al igual que en el centro de México, se extendió en torno al lago de Pátzcuaro una epidemia de viruela. Los habitantes de Mesoamérica nunca habían padecido la enfermedad, por lo que carecían de defensas naturales, no sabían cómo tratar a los enfermos ni prevenir el contagio. Por estas razones la epidemia dejó numerosos muertos, entre los cuales se encontraba el propio Zuangua. Apenas menguaba la epidemia cuando llegó una noticia que dejó asombrados a los tarascos: la gran ciudad de Tenochtitlan había sido conquistada y destruida. Ante estos increíbles hechos, el nuevo gobernante tarasco Tangaxoan pensó que si los mismísimos mexicas habían perdido frente a los invasores europeos, ellos no tendrían ninguna oportunidad de ganar. Entonces, en un primer momento, los tarascos no ofrecieron resistencia frente al avance español.

Más tarde, y ante los graves abusos y maltratos sufridos a manos de algunos españoles, especialmente los crímenes de Nuño de Guzmán, quien dio muerte a Tangaxoan cuando este se negó a seguir proporcionándole oro, los purépechas se revelaron contra el dominio español, pero ya era demasiado tarde. La milenaria historia de Mesoamérica llegaba a su fin.

El legado de Mesoamérica

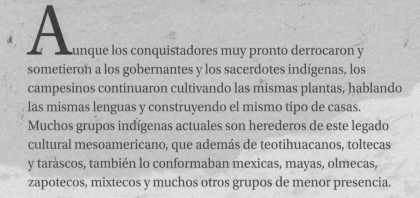

LA CONQUISTA ESPAÑOLA FUE UN EVENTO COMPLEJO Y VIOLENTO QUE DIO FIN A UNA MUY LARGA HISTORIA. LA SOCIEDAD COLONIAL QUE NACIÓ DE LA CONQUISTA CAMBIÓ DE MANERA PROFUNDA Y RADICAL LA HISTORIA DE ESTA PARTE DEL MUNDO. LOS EUROPEOS DESTRUYERON RÁPIDAMENTE LA ORGANIZACIÓN POLÍTICA Y ADMINISTRATIVA INDÍGENA, PROHIBIERON LAS RELIGIONES MESOAMERICANAS Y POCO A POCO IMPUSIERON SUS PROPIAS COSTUMBRES. PERO NO PUDIERON, NI QUISIERON, CAMBIARLO TODO.

Aunque los conquistadores muy pronto derrocaron y sometieron a los gobernantes y los sacerdotes indígenas, los campesinos continuaron cultivando las mismas plantas, hablando las mismas lenguas y construyendo el mismo tipo de casas. Muchos grupos indígenas actuales son herederos de este legado cultural mesoamericano, que además de teotihuacanos, toltecas y tarascos, también lo conformaban mexicas, mayas, olmecas, zapotecos, mixtecos y muchos otros grupos de menor presencia.

Mesoamérica perdura en los nombres de los lugares, accidentes geográficos, ciudades e incluso estados; Popocatépetl, Pánuco, Papaloapan, Chilapa, Toluca, Tampico, Acapulco, Yucatán, Michocán, Nayarit, Oaxaca, Zacatecas o Culiacán vienen directamente de vocablos indígenas.

También sobrevive en la gastronomía mexicana. Las antiguas plantas que alimentaron a los pueblos mesoamericanos se consumen no sólo en México, sino que son apreciadas en todo el mundo; el aguacate, la jícama, el chayote, el jitomate, el amaranto, los nopales, los chiles y los pimientos, la calabaza, el frijol y sobre todo el maíz, la planta comestible más cultivada en todo el orbe. La herencia indígena también está en guisos y bebidas como el atole, el agua de chía, el pozole, los mixotes, el mole, los chilaquiles y el guacamole, así como en la tortilla y los tamales.

Hoy, las antiguas ciudades mesoamericanas, como Teotihuacan y Tula, hace tanto tiempo abandonadas, son consideradas patrimonio cultural de México y de la humanidad. El arte prehispánico, antes menospreciado, es objeto de admiración y reconocimiento. El antiguo legado de Mesoamérica goza, en el México moderno, de buena salud.

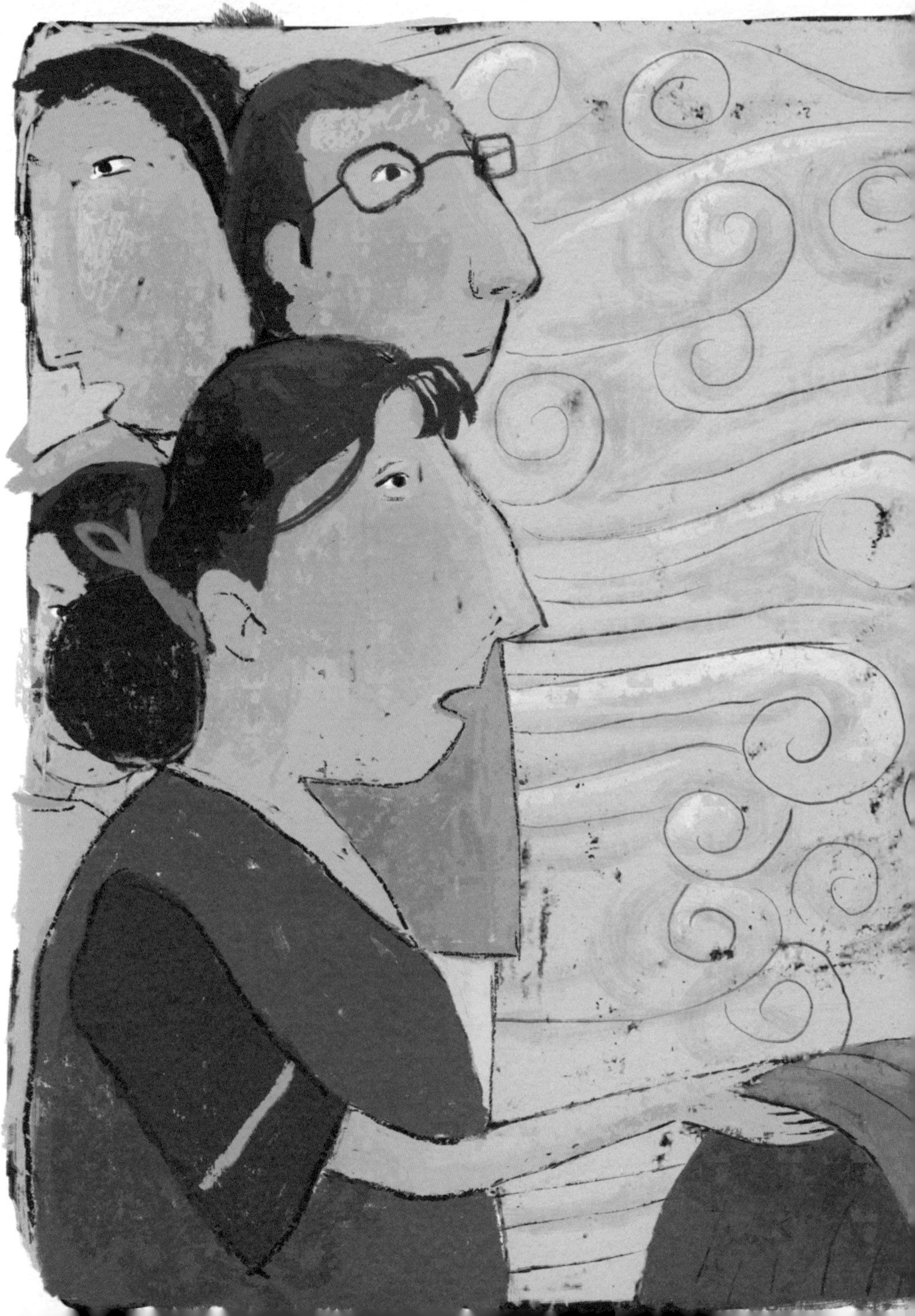

Cronología

Periodo preclásico 2500 a. C. - 100 d. C.

ca. 2500 a. C.
Surgimiento de Mesoamérica como área cultural.

Periodo clásico 100 - 900 d. C.

1 - 200 d. C.
Surgimiento de la primera gran ciudad en este periodo: Teotihuacan.

200 - 650
Esplendor en Teotihuacan. El arte logra un notable desarrollo.

200 - 650
Continúa el desarrollo histórico de Teotihuacan, pero al final es destruido y abandonado.

Periodo posclásico 900 - 1521

750 - 900
A la caída de Teotihuacan llegan a Tula inmigrantes del norte de Mesoamérica.

900 - 1150
Desarrollo y esplendor de Tula. Se edifican monumentos y hay un auge cultural y comercial.

1350
Fundación de Pátzcuaro.
El reinado tarasco inicia con
Tariácuri, primer cacique
de Pátzcuaro, que permanece
como centro ceremonial.

1450
Fundación de Tzintzuntzan, que
significa "colibrí", y se convierte en
la nueva capital tarasca. Hay una
expansión militar de los tarascos.

1521
Caída de Tenochtitlan.

1522
Conquista de Tzintzuntzan
cuando gobernaba Tangaxoan II.

Esquimales, kwakiutl
y hurones

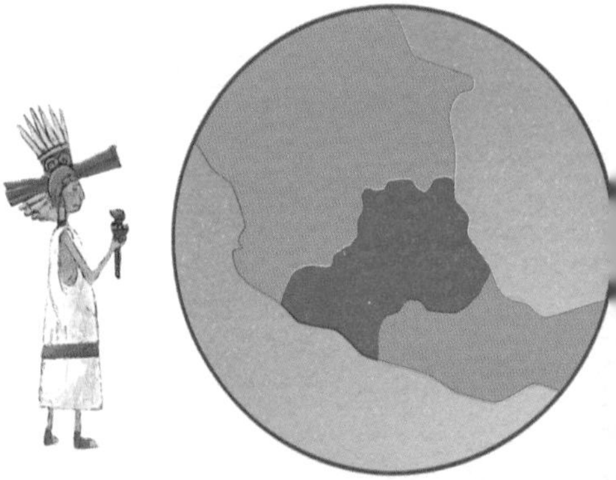

Teotihuacanos, toltecas
y tarascos

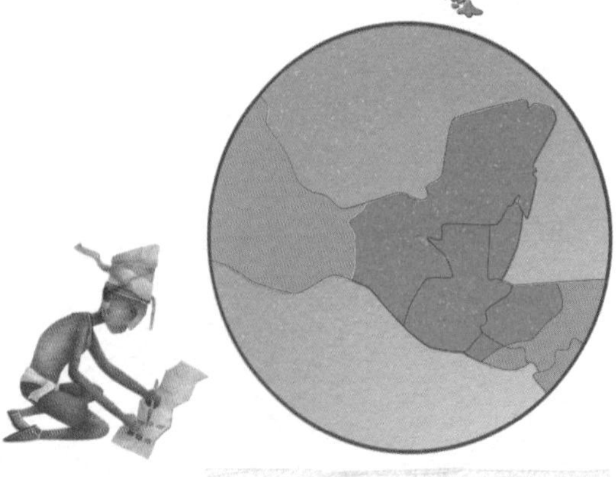

N

E — O

S

Mayas

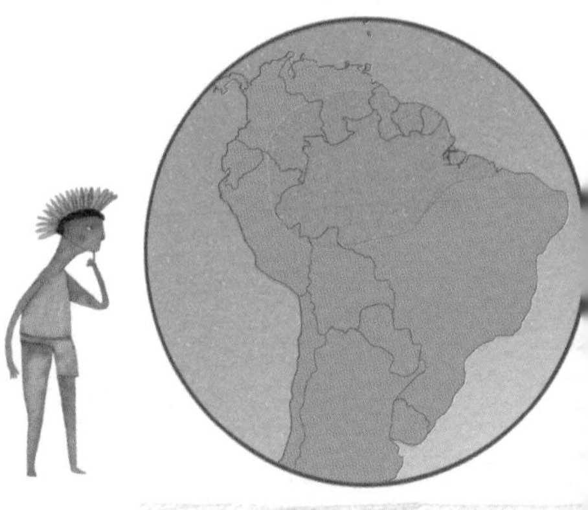

Kayapó, jíbaros
y cashinahuas

Iroqueses, cheroquís
y sioux

Ópatas, tarahumaras,
yaquis y seris

Mexicas

Olmecas, zapotecos
y mixtecos

Incas

Mapuches

Bibliografía

Antología de documentos para la historia de la arqueología de Teotihuacan, edición, compilación, traducción y notas de Roberto Gallegos Ruiz, José Roberto Gallegos Téllez Rojo y Miguel Pastrana Flores, México, INAH, 1997.

Bernal, Ignacio, "Teotihuacan", en Miguel León-Portilla *et al.*, *Historia de México*, México, Salvat, 1978.

Crónicas de Michoacán, 2ª ed., selección, introducción y notas de Federico Gómez de Orozco, México, UNAM (Biblioteca del Estudiante Universitario, 12), 1954.

Durán, Diego, *Historia de las Indias de la Nueva España e islas de la tierra firme*, 2ª ed., introducción, paleografía, notas y vocabularios de Ángel M. Garibay, México, Porrúa, 1984.

Gendrop, Paul, *Compendio de arte prehispánico*, México, Trillas (Linterna Mágica, 5), 1990.

Literatura del México Antiguo. Los textos en lengua náhuatl, edición, estudios y traducción de Miguel León-Portilla, Caracas, Biblioteca Ayacucho, 1978.

López Austin, Alfredo *et al.*, *Tarascos y mexicas*, México, SEP (SEP / 80, 4), 1981.

————, Leonardo López, *El pasado indígena*, México, FCE / Colmex, 1996.

————, José Rubén Romero Galván y Carlos Martínez Marín, *Teotihuacan*, México, El Equilibrista / Turner Libros, 1989.

Mastache, Alba Guadalupe y Robert H. Cobean, "Tula", en Jesús Monjarás-Ruiz *et al.*, *Mesoamérica y el centro de México. Una antología*, México, INAH, 1985.

Matos Moctezuma, Eduardo, *Teotihuacan*, México, FCE / Colmex (Serie Ciudades), 2009.

Pastrana Flores, Miguel, *Arte tarasco*, México,
Conaculta (Círculo de Arte), 1999.

————, "Las casas de Quetzalcóatl en Tula y el problema
de lo maravilloso en la historiografía náhuatl", en
Rosa Camelo y Miguel Pastrana Flores (eds.), *La experiencia
historiográfica. VIII Coloquio de Análisis historiográfico*,
México, UNAM, IIH (Serie de Teoría e Historia de la
Historiografía, 7), 2009.

————, "Tula y los toltecas en los textos de Sahagún",
en José Rubén Romero Galván *et al.*, *El universo
de Sahagún. Pasado y presente. Coloquio 2005*, México,
UNAM, IIH (Serie de Cultura Náhuatl. Monografías, 31), 2007.

————, "Notas sobre la apropiación del pasado tolteca en
el presente mexica", en *El historiador frente a la historia.
El tiempo en Mesoamérica*, México, UNAM, IIH, 2004.

Piña Chan, Román, *Mesoamérica. Ensayo histórico
y cultural*, México, INAH (Memorias INAH, VI), 1960.

 La Relación de Michoacán, edición, paleografía,
estudio preliminar y notas de Francisco Miranda,
México, SEP (Cien de México), 1988.

Sahagún, Bernardino de, *Historia general de la cosas
de Nueva España*, introducción, paleografía, glosario
y notas de Josefina García Quintana y Alfredo López Austin,
prólogo e índice analítico de Josefina García Quintana,
México, Conaculta (Cien de México), 2000.

 Torquemada, Juan de, *Monarquía Indiana, de
los veinte y un libros rituales y monarquía indiana,
con el origen y guerras de los indios occidentales,
de sus poblazones, descubrimiento, conquista, conversión
y otras cosas maravillosas de la mesma tierra firme*,
edición de Miguel León-Portilla *et al.*, México, UNAM,
IIH (Cronistas e Historiadores de Indias, 5), 1975-1983.

Teotihuacanos,
toltecas
y tarascos
Los indígenas
de Mesoamérica I

terminó de imprimirse en 2018
en los talleres de Edamsa Impresiones, S. A. de C. V.,
Avenida Hidalgo 111, colonia Fraccionamiento
San Nicolás Tolentino, delegación Iztapalapa,
09850, Ciudad de México.
Para su formación se utilizó la familia Utopia
diseñada por Robert Slimbach en 1989.